正确认识与处理政府和市场关系

魏礼群 著

中国言实出版社

图书在版编目(CIP)数据

正确认识与处理政府和市场关系 / 魏礼群著. -- 北京 : 中国言实出版社, 2014.8
ISBN 978-7-5171-0697-5

Ⅰ.①正… Ⅱ.①魏… Ⅲ.①行政干预—市场经济—研究—中国 Ⅳ.①F123.16

中国版本图书馆 CIP 数据核字(2014)第 167133 号

责任编辑：王昕朋　佟贵兆

出版发行　中国言实出版社
　　　　　　地　　址：北京市朝阳区北苑路 180 号加利大厦 5 号楼 105 室
　　　　　　邮　　编：100101
　　　　　　编辑部：北京市西城区百万庄路甲 16 号五层
　　　　　　邮　　编：100037
　　　　　　电　　话：64924853（总编室）64924716（发行部）
　　　　　　网　　址：www.zgyscbs.cn
　　　　　　E-mai l：zgyscbs@263.net
经　　销　新华书店
印　　刷　三河市祥达印刷包装有限公司
版　　次　2014 年 8 月第 1 版　　2014 年 8 月第 1 次印刷
开　　本　850 毫米×1168 毫米　　1/32　　1 印张
字　　数　9 千字
定　　价　8.00 元　　　ISBN 978-7-5171-0697-5

党的十八届三中全会提出："经济体制改革是全面深化改革的重点，核心问题是处理好政府和市场的关系，使市场在资源配置中起决定性作用和更好发挥政府作用。"这既是对我国过去几十年改革发展历史经验的高度概括，也为今后深化经济体制改革和行政体制改革，进一步处理好政府和市场的关系确定了方向。

回顾改革开放以来我们党关于政府和市场关系的论述和决策过程，正确认识政府和市场二者各自的功能与长处，研究在全面深化改革中进一步处理好政府和市场的关系，具有重要的现实意义和深远的历史意义。

一、改革开放以来
我们党关于政府和市场关系论述的深化过程

改革开放 35 年来，我们党在推进社会主义改革开放的伟大事业中，不断加深对计划和市场、政府和市场关系的认识，相应作出了一系列历史性的重大决策。

1978 年 12 月，作为我国新时期起点的党的十一届三中全会提出："应该坚决实行按经济规律办事，重视价值规律的作用。"同时指出："现在我国经济管理体制的一个严重缺点是权力过于集中，应该有领导地大胆下放，让地方和工农企业在国家统一计划的指导下有更多的经营管理自主权。"接着，我国改革开放总设计师邓小平同志，在 1979 年 11 月会见英国不列颠百科全书出版公司编委会副主席吉布尼和加拿大麦吉尔大学东亚研究所主任林达光等谈话时，明确提出："社会主义也可以搞市场经济"，"把这当作方法，不会影响整个社会主义"。这里，邓小平同志第一次把市场经济同社会主义直接联系起来，把市场经济当作发展生产力的方法。十一届三中全会开启了我国波澜壮阔的改革开放伟大征程。

1982 年 9 月，党的十二大明确提出了有系统地进行经济体制改革的任务，指出："正确贯彻计划经济为主、市场调节为辅的原则，是经济体制改革中的一个根本性问题。我们要正确划分指令性计划、指导性计划和市场调节各自的范围和界限，在保持物价基本稳定的前提下有步骤地改革价格体系和价格管理办法，改革劳动制度和工资制度，建立起符合我国情况的经济管理体制，以保证国民经济的健康发展。"这里，明确提出了计划经济与市场调节的主辅关系，即政府与市场的关系。1984 年 10 月，党的十二届三中全会通过的《中共中央关于经济体制改革的决定》，深入剖析了原有经济体制中存在着"政企职责不分，条块分割，国家对企业统得过多过死，忽视商品生产、价值规律和市场的作用"等弊端，明确提出："社会主义计划经济必须自觉依据和运用价值规律，是在公有制基础上的有计划的商品经济"，"实行计划经济同运用价值规律、发展商品经济，不是互相排斥的，而是统一的，把它们对立起来是错误的"。这是我们党作出的全面经济体制改革第一个纲领性文献中的重大论断。

1987年9月，党的十三大进一步提出："社会主义有计划商品经济的体制，应该是计划与市场内在统一的体制。"并指出，"新的经济运行机制，总体上来说应当是'国家调节市场，市场引导企业'的机制"。为此，十三大报告还提出必须把计划工作建立在商品交换和价值规律基础上，逐步缩小指令性计划范围，扩大指导性计划范围，最终实现以间接控制为主、计划与市场内在统一的模式。这里，强调计划和市场的作用都是覆盖全社会的，不再提以计划经济为主。

1992年初，邓小平同志在南方谈话中更加深刻地指出，"计划经济不等于社会主义，资本主义也有计划；市场经济不等于资本主义，社会主义也有市场"，把计划和市场都作为发展生产力的手段。在此基础上，1992年10月，党的十四大明确提出建立社会主义市场经济体制，"就是要使市场在社会主义国家宏观调控下对资源配置起基础性作用"，这为长期纠结于"计划"和"市场"关系的改革开启了一个新的局面。至此，我们党对社会主义市场经济的认识、对政府和市场关系的认识达到了一个新高度：市场经济不仅仅是市场竞争机制、供求机制和价格机制，更是一种资源配置机制。1993年11月，党的十四届三中全会通过的《中共中央关于建立社会主义市场经济体制若干问题的决定》，进一步构筑了社会主义市场经济体制的基本框架。

1997 年 9 月，党的十五大明确提出了形成比较完善的社会主义市场经济体制的目标，提出"坚持和完善社会主义市场经济体制，使市场在国家宏观调控下对资源配置起基础性作用"，并要求"充分发挥市场机制作用，健全宏观调控体系"。这里，要求"充分发挥"市场作用、"健全"政府宏观调控体系，深化了对政府与市场关系的认识。

2002 年 11 月，在新世纪新阶段召开的党的十六大进一步提出："健全现代市场体系，加强和完善宏观调控。在更大程度上发挥市场在资源配置中的基础性作用，健全统一、开放、竞争、有序的现代市场体系。"并明确要求："完善政府的经济调节、市场监管、社会管理和公共服务的职能，减少和规范行政审批。"2003 年 10 月，党的十六届三中全会通过的《中共中央关于完善社会主义市场经济体制若干重大问题的决定》中提出：要按照五个统筹的要求，更大程度地发挥市场在资源配置中的基础性作用，并提出要转变政府经济管理职能，"切实把政府经济管理职能转到为市场主体服务和创造良好发展环境上来"。这里，强化了市场功能的作用，同时明确了政府的功能作用。

2007 年 10 月，党的十七大提出："要深化对社会主义市场经济规律的认识，从制度上更好发挥市场在资源配置中的基础性作用，形成有利于科学发展的宏观调控体系。"并要求："加快推进政企分开、政资分开、政事分开、政府与市场中介组织分开，规范行政行为，加强行政执法部门建设，减少和规范行政审批，减少政府对微观经济运行的干预。"这里，强调从制度上更好发挥市场的基础性作用，也是对市场作用的重视和强化。

2012年11月，党的十八大指出："经济体制改革的核心问题是处理好政府和市场的关系，必须更加尊重市场规律，更好发挥政府作用。"并明确要求："完善宏观调控体系，更大程度更广范围发挥市场在资源配置中的基础性作用，完善开放型经济体系，推动经济更有效率、更加公平、更可持续发展。"这里，更加突出了市场作用，也强调了更好发挥政府作用。

2013年11月，党的十八届三中全会通过的《中共中央关于全面深化改革若干重大问题的决定》中进一步提出："经济体制改革是全面深化改革的重点，核心问题是处理好政府和市场的关系，使市场在资源配置中起决定性作用和更好发挥政府作用。"把以往市场起"基础性"作用改为"决定性"作用，同时也强调"更好发挥政府作用"，这是我们党关于社会主义市场经济思想的新发展，对政府和市场关系的认识达到了新境界。

以上可以看出，正确认识和处理政府和市场关系，一直是贯穿于我国改革开放进程中的重大课题，是我们党随着实践发展，对实行社会主义市场经济的认识不断丰富、不断深化的过程，由把市场经济作为经济管理方法到经济调节手段再到一种经济制度，由市场在资源配置中起"基础性"作用到起"决定性"作用，这都反映了党的思想理论随着实践不断发展而不断创新，符合马克思主义关于历史唯物主义和辩证唯物主义的科学认识论，每后一个时期的论断和决策，都是对前一个时期论断和决策的继承、创新和发展。

二、正确认识政府和市场二者的功能与长处

建立和完善社会主义市场经济体制，需

要正确认识政府与市场二者的功能、长处及它们的缺陷、弊端。

先说市场。市场有多种涵义，一种是商品交易场所，一种是以商品等价交换为准则的市场机制对资源的配置方式，还有一种是人们之间的生产关系。"使市场在资源配置中起决定性作用"，其主要是指由市场机制决定资源配置方式。在所有经济活动中，最根本的问题是如何最有效地配置资源。市场之所以能够使资源配置以最低成本取得最大效益，是因为在市场经济体制下，有关资源配置和生产的决策是以价格为基础的，而由价值决定的价格，是生产者、消费者、劳动者和生产要素所有者在市场自愿交换中形成的。市场机制作用的发挥是价值规律的表现形式。由市场决定资源配置的主要长处在于：作为市场经济基本规律的价值规律，能够通过市场价格自动调节生产（供给）和需求，在全社会形成分工和协作机制；能够通过市场主体之间的竞争，形成激励先进、鞭策落后和优胜劣汰机制；能够引导资源配置以最小投入（费用）取得最大产出（效益）。因此，使市场在资源配置中起决定性作用，其实质就是让价值规律、竞争规律和供求规律等市场经济规律在资源配置中起决定性作用。这有利于促使经济更有活力、更有效率和更有效益地发展。但同时也要看到，市场调节有自发性、盲目性、局限性和事后性等特点，不能把资源配置统统交给市场，不能使全部社会经济活动市场化。比如，社会供求总量的平衡、公共产品和公共服务的提供、城乡区域差距的缩小、稀缺资源的配置，只靠市场调节经济运行，难以经常保持经济总量平衡和重大结构协调，难以实现基本公共服务均等化，难以避免社会收入两极分化，也难以及时、有力、有效应对宏观经济周期波动和国际经济金融危机的冲击。也就是说，市场对资源配置的"决定性作用"不能涵盖所有社会经济领域和活动。

政府作为公共权力的行使者、社会经济活动的管理者，最重要的职能是从宏观上引导方向，保持整个经济社会持续健康稳步发展。在我们国家，有共产党的领导、有社会主义制度的优势，政府可以自觉地依据对客观事物的认识，能动地观察和反映国内外发展变化，按照包括市场规律在内的客观经济规律，对重大社会经济活动作出战略规划、宏观决策与预先安排，进行有目的、有计划的引导和调控。发挥政府作用的主要长处在于，有可能从社会整体利益和长远利益来引导市场和社会经济发展方向，从宏观层次和全局发展上配置重要资源，促进经济总量平衡，协调重大结构和优化生产力布局，提供非竞争性的公共产品和公共服务，保障公共安全，加强社会建设和环境保护，维护市场和社会秩序，促进社会公平正义，逐步实现共同富裕，弥补市场缺陷和失灵的方面。但政府也有信息掌握和认知能力的局限性，也会有偏颇、僵滞甚至决策失误的毛病，以至于束缚经济社会的活力，不利于微观上优化资源配置和提高效率。

以上可以看出，政府（计划）与市场是现代市场经济体系中两个重要手段，各有长处但功能不同。政府是一只"看得见"的手，市场是一只"看不见"的手，它们都能对资源配置产生作用，但资源配置和利益调节的机理、手段、方式不同。市场方式主要通过供求、价格、竞争等机制功能配置资源、调节利益关系，由市场主体自主决策、自主经营和自担风险。政府则主要根据全局和公益性需求，依靠行政权力和体制，进行重要资源配置，调节重要利益关系。市场决定资源配置是市场经济的一般规律，市场经济本质上就是市场决定资源配置的经济。我们必须高度重视、充分发挥市场在微观配置资源、调节经济利益关系中的积极有效作用。

理论和实践告诉我们，在处理政府和市场关系中，需要注意三个方面。一是要明确认识二者各自的功能和长处，使它们在不同社会经济层次、不同领域发挥应有作用，都不能越位、错位和不到位。二是要充分发挥二者功能作用，"两只手"都要用，并有效配合。"两只手"配合得好，可以起到1+1>2的效果。反之，市场作用的正效能就会下降，负作用就会扩大；同样，政府的正效能也会下降，政府形象和公信力也会受到伤害，甚至造成重大经济损失。因此，两者不可偏废。三是政府和市场应当有机结合而不是板块连接。政府应尊重市场经济规律，自觉按经济规律办事；市场要在政府引导、监管下按制度规范运行。只有这样，才能实现政府与市场各自长处的充分发挥及二者的良性互动。

三、进一步处理好政府和市场关系
必须全面深化改革

经过 35 年的改革开放，我国社会主义市场经济体制已基本建立，政府和市场关系经过不断调整也发生了重大变化。总的看来，国民经济市场化程度显著提高，市场作用大为增强，但市场和政府都有错位、不到位和越位的方面。当前，我国社会主义改革开放和现代化建设进入了新阶段，新形势、新任务对社会经济发展和社会经济体制机制提出了新要求，其中一个很重要的方面，就是要进一步处理好政府和市场的关系。为此，必须遵循党的十八届三中全会精神，按照"使市场在资源配置中起决定性作用和更好发挥政府作用"的要求，全面深化改革特别是经济体制、行政体制改革。至关重要的，是抓好以下几个方面的改革。

（一）推进市场化改革，加快完善现代市场体系

这是使市场在资源配置中起决定性作用的基础。要从广度和深度上推进市场化改革，推动资源配置依据市场规则、市场竞争实现效益最大化和效率最优化。加快形成企业自主经营、公平竞争，消费者自由选择、自由消费和要素自由流动、平等交换的现代市场体系，提高资源配置效率和公平性。要实现以上目标，必须深化以下改革。一是建立公平、开放、透明的市场规则。我国市场体系还不完善，市场的开放性、竞争的公平性和运行的透明度都有待提高，尤其是部分基础产业和服务业价格关系尚未理顺，要素市场发展相对滞后，必须加快市场化改革。十八届三中全会《中共中央关于全面深化改革若

干重大问题的决定》提出了一系列重大改革举措，包括实行统一的市场准入制度，探索实行负面清单准入管理方式，改革市场监管体系，实行统一的市场监管，健全优胜劣汰的市场化退出机制。这些是使市场在资源配置中发挥决定性作用的前提和基础。二是完善主要由市场决定价格的机制。坚持把主要由市场决定价格作为价格形成的常态机制，凡是能够通过市场形成价格的，包括生产要素价格都要放开价格管制，主要由市场形成价格；对那些暂不具备放开条件的，要积极探索建立符合市场导向的价格动态调整机制，并创造条件加快形成主要由市场决定价格的机制。改革政府定价机制，要把政府定价严格限定在必要范围内，主要限定在重要公用事业、公益性服务、网络型自然垄断环节。进一步减少政府定价的范围和具体品种。要按照简政放权要求，进一步下放给地方政府定价权。改进政府定价方法，规范政府定价行为，提高政府定价的科学性、公正性和透明度。三是改革市场监管体系。清理和废除妨碍全国统一市场和公平竞争的各种规定和做法，反对地方保护，反对垄断和不正当竞争。同时，要建立城乡统一的建设用地市场，完善金融市场体系，加快推进科技体制改革。这是完善现代市场体系的必然要求和重要方面。

（二）坚持和完善基本经济制度，着力深化企业改革

以公有制为主体、多种所有制经济共同发展的基本经济制度，是中国特色社会主义制度的重要支柱，也是社会主义市场经济体制的根基。我们搞的是社会主义市场经济，必须始终坚持"两个毫不动摇"：必须毫不动摇巩固和发展公有制经济，发挥国有经济主导作用，不断增强国有经济活力、控制力、影响力；必须毫不动摇鼓励、支持、引导非公有制经济发展，激发非公有制经济活力和创造力。这两者都不可偏废，否则，就不成为社会主义市场经济。关键是要完善产权保护制度，保证各种所有制经济依法平等使用生产要素、公开公平公正参与市场竞争、同等受到法律保护。企业是市场活动主体，也是社会主义市场经济体制的微观基础。必须深化国有企业改革，推动国有企业完善现代企业制度，健全协调运转、有效制衡的公司法人治理结构，规范经营决策，实现资产保值增值，公平参与竞争，提高企业效率，增强企业活力。要准确界定不同国有企业功能。废除对非公有制经济各种形式的不合理规定，消除各种隐性壁垒。鼓励非公有制企业参与国有企业改革。特别要重视发展混合所有制经济，国有资本、集体资本、非公有资本等交叉持股、相互融合的混合所有制经济，有利于国有资本放大功能、保值增值、提高竞争力，有利于各种所有制资本取长补短、相互促进、共同发展。要鼓励非公有制企业参与国有企业改革，鼓励发展非公有资本控股的混合所有制企业，鼓励有条件的私营企业建立现代企业制度。

（三）加快政府自身改革，全面准确履行政府职能

科学的宏观调控、有效的政府治理，是发挥社会主义市场经济体制优势的内在要求。要切实转变政府职能，深化行政体制改革，创新行政管理方式，增强政府公信力和执行力，建设法治政府和服务型政府。要按照党的十八大报告确定的"推动政府职能向创造良好发展环境、提供优质公共服务、维护社会公平正义转变"的基本要求，深化行政审批制度改革，进一步简政放权，切实减少审批事项，向企业放权、向市场放权、向社会

放权，特别是要深化投资体制改革，确立企业投资主体地位。要最大限度地避免用行政手段配置各类资源，用政府权力的减法换取市场和社会活力的加法，激发市场和社会主体的创造活力，增强经济发展的内生动力。要健全宏观调控体系，宏观调控的主要任务是保持经济总量平衡，促进重大经济结构协调和生产力布局优化，减缓经济周期波动影响，防范区域性、系统性风险，稳定市场预期，保障经济安全，实现经济持续健康发展。要合理界定中央和地方政府的职能，充分发挥中央和地方两个积极性。中央政府要进一步改善和加强宏观管理，强化发展规划制订、经济发展趋势研判、制度机制设计、全局性事项统筹管理、体制改革统筹协调等方面职能，促进全国范围内的法规统一、政令畅通和经济社会的平稳健康发展。要发挥地方政府贴近基层、就近管理的优势，进一步加强地方政府在公共服务、市场监管、社会管理、环境保护等方面的职责，以更好地服务于广大人民群众和各类企业。要大力推广政府购买服务，创新政府服务方式。按照公开、公平、公正原则，将适合市场化方式提供的公共服务事项，交由具备条件且信誉良好的社会组织、机构和企业等承担，推动公共服务提供主体的多元化，以此推动政府职能转变，建设现代化服务型政府。

四、正确处理政府和市场关系
需要把握好的几个方面

政府和市场关系，是人类社会任何国家发展现代市场经济都绕不开的根本性问题，也是各国长期以来都在致力有效破解的世界性难题。特别是在我国这样一个有 13 亿多人口的大国，又是在社会主义基本制度下实行市场经济的历史条件，处理好政府和市场关系的意义更重大，难度也更大，更需要研究解决一系列特殊的复杂问题，更需要推进理论创新和实践创新，更需要努力把握和运用改革规律，以更好地推动国家和人民事业发展。

（一）坚持从国情出发，解放思想、实事求是、与时俱进

古往今来，关于政府与市场关系有多种理论学说和多种实践模式，我们要注意学习研究人类社会和当今世界各国在处理政府与市场关系方面一切有益的思想理论和实践做法。但是，不能照抄照搬别国经验、别国模式。世界上没有一种经验模式可以照抄照搬。我们必须全面、真切地认识我国现阶段基本国情及其内在要求，坚持和运用马克思主义的历史唯物主义，准确把握党和国家发展大势，做到解放思想、实事求是、与时俱进、求真务实，积极探索符合当今时代我国国情

的政府和市场关系的科学理论、具体做法和实践模式，既决不简单搞拿来主义，也决不搞固步自封，要不断有新的发现、新的创造、新的发展。

（二）坚持正确改革方向，积极稳妥、扎实推进、注重实效

实行社会主义市场经济体制，是我们党吸收人类社会文明、进步、智慧作出的正确历史抉择，也是我国社会发展客观进程的必然要求，必须坚定社会主义市场经济的改革方向和如期实现完善社会主义市场经济体制的目标。把社会主义和市场经济体制结合起来，是人类社会空前的壮举，也是需要不懈探索的重大课题。这方面，我们已经进行了30多年的理论探索和实践创新，也积累了不少经验，但是还有许多未被认识的"必然王国"。其中，在处理政府和市场关系方面还有一系列棘手的矛盾和问题有待研究解决。这需要以积极进取的精神大胆探索，勇于改革创新，敢于攻坚克难，但对涉及全局的重大改革事项，决心要大，步子要稳，包括对下放权力的改革方向要坚持，行动要坚决，但下放权力的范围、步骤、方法，应与政府宏观调控、监管能力和法治水平相适应、相协调，特别要加快法治建设，使社会经济活动有法可依、有法必依、执法必严、违法必究，以避免重蹈历史上多次出现的"一放就乱，一乱就收"的不良循环。

（三）坚持"两只手"都要硬，把更加重视市场作用和更好发挥政府作用结合起来

在发展社会主义市场经济中，政府和市场这"两只手"，都不可或缺，也决不可分割。因此，"使市场在资源配置中起决定性作用"和"更好发挥政府作用"，不是互相排斥的，而是统一的，把它们对立起来的认识和做法是不对的、有害的。一方面，要从广度和深度上推进市场化改革，以更好发挥市场作用的功能和长处，增进社会经济活力和效率，激发各方面的积极性和创新精神；另一方面，也必须全面正确履行政府职能，实施科学的宏观调控、有效的政府治理，以更好发挥政府的功能和长处。这样，才能实现社会经济更有效率、更加公平、更可持续健康发展，促进社会公平正义和共同富裕。关键在于，政府和市场"两只手"要有效配合、优势互补，相互促进、相得益彰。

（四）坚持准确界定两者功能，区分层次和领域范围，合理发挥政府和市场各自的作用

在经济、社会、政治、文化、生态各个不同领域，在宏观、微观不同层面，政府和市场发挥作用的范围、程度、方式、形态应有不同，需要深入研究和准确界定，防止二者功能错位、越位、不到位，避免发生错误和损失。在经济

活动微观领域中，发挥市场配置资源的决定性作用是必要的、可行的，在其他领域则要正确、合理把握政府和市场各自作用的范围、程度和表现形式。这也是保证社会主义市场经济持续健康发展，中国特色社会主义道路沿着正确方向前进的大问题。

（五）坚持全面深化改革，增强改革的关联性、系统性、协同性

政府和市场关系既是经济体制改革的核心问题，也是涉及全面改革的关键问题。这两者关系的理顺和调整，关联到生产关系和经济基础的变化，也势必关联到上层建筑领域的某些环节和方面。坚持社会主义市场经济的改革方向，是经济体制改革的方向，也必然会涉及其他各方面改革，各方面改革也要与之相协调、相适应。必须把坚持社会主义市场经济改革方向贯穿到政治体制、文化体制、社会体制、生态文明体制，以及各方面体制机制改革之中，推动各方面改革围绕完善社会主义市场经济体制的目标来展开、来推进。因此，必须统筹设计，整体谋划经济、政治、文化、社会、生态文明等各个领域、各个方面的调整和改革。这样，才能产生综合效应，才能更好推动生产关系与生产力、上层建筑与经济基础相适应，也才能顺利推动整个改革进程并取得更大的成功！

（作者为中国行政体制改革研究会会长、中国国际经济交流中心执行副理事长）